国家出版基金项目
NATIONAL PUBLICATION FOUNDATION

河南藏甲骨集成

周口關帝廟博物館卷

總主編／李運富　本卷主編／王麗亞　本卷編纂／張新俊

中原出版傳媒集團
中原傳媒股份公司
河南美術出版社
·鄭州·

◎2023年度國家出版基金資助項目

◎『十三五』國家重點圖書出版規劃增補項目

◎國家語言文字工作委員會重點資助項目

◎『古文字與中華文明傳承發展工程』資助項目『河南藏甲骨文集成』（項目號：G1001）階段性研究成果

◎教育部、國家語委甲骨文等古文字研究與應用專項重點項目『河南所藏甲骨集成』（YWZ-J016）

◎國家社科重大招標項目『出土文獻與上古文學關係研究』（項目編號：20&ZD264）階段性成果

總序

習近平同志指出：『漢字是中華文明的重要標志，也是傳承中華文明的重要載體。』『中國字是中國文化傳承的標志。殷墟甲骨文距離現在三千多年，三千多年來，漢字結構没有變，這種傳承是真正的中華基因』，因此『要重視發展具有重要文化價值和傳承意義』的甲骨文等古文字學科。作爲漢字發源地的河南省，古文字資源正是歷史賜予的一張重要『文化名片』。河南擁有數千年連綿不斷的文字資源，品類豐富，數量龐大。然而河南究竟藏有多少古文字材料，却没人能説得清楚，因爲至今没有經過普查的詳明清單或總目提要。

我于2016年入職鄭州大學，那時就想摸一摸河南這方面的家底。我發現近年來王蘊智先生曾對河南的古文字材料做過一些整理，但他基本上是以個人之力從事此項工作，搜集的材料主要是已經著録和公布的。而且圖片（拓片）主要來自已經出版的書刊，許多已不太清晰。河南省文物局也曾做過全省文物普查，但并未專門提取并著録文字資料。事實上，河南省各地區文物部門、博物館、文化館甚至民間，還藏着許多未被發現，或發現了但未被著録和整理的文字材料，所以現在河南省究竟有多少文字資源仍然是個謎。這種情形既不利于河南文字資源優勢的發揮和河南文化事業的復興，又不利于文化界、學術界對文字資料的全面利用。因此，重新整理河南文字資源家底，準確掌握全省文字資源的狀況，科學評估河南文字資源的價值，全面展示河南文字材料的面貌，是十分必要的。打好這個基礎，對建設河南文化高地的意義非常重大，對提升河南在全國和全世界的文化影響力也有積極作用，更是對習近平同志關于重視古文字研究系列講話精神的貫徹落實。

所以從2017年開始，我們就多次寫報告向有關部門建議開展『河南省古文字資源普查與集成』專項文化工程，并商議邀請河南省政協委員和媒體記者通過河南省兩會提出議案，還在《鄭州大學學報（哲學社會科學版）》上發表《學習習近平總書記有關講話精神，構築漢字文明高地，促進中原文化崛起》的文章進行呼吁。目前中宣部、教育部、國家語委等八部門正在開展『古文字與中華文明傳承發展工程』的工作，河南省人民政府是八部門之一。希望河南省的這項工程在國家工程的推動下能够真正得以實施。

這項文化工程有三個關鍵詞。『古文字資源』是指産生于古代（清代以前），具有歷史文化價值和文字學研究價值的各種文字資料。包括甲骨文、金文、陶文、璽印文字、兵器文字、磚瓦文字、碑刻文字、簡帛文字、石圭盟書等。『普查』是指對全省範圍内官方和民間所有古文字材料的大規模調查，包括文字材料的收藏地、出土地（或來源）、材質、品類、數量、時代、文字、内容、研究情况以及是否有過著録和公布等。通過普查和登記，分門别類地建立盡可能齊全的目録清單，并結合實物圖片做出簡介和價值評估，編撰《河南省古文字資料總目提要》，并建立便于檢索、查看的古文字資料數據庫。『集成』是指把普查所得的古文字材料按照一定體例，分類匯編成册，并利用現代科技手段，逐步出版圖文并茂的集成類叢書。如《河南藏甲骨集成》《河南藏金文集成》《河南藏簡牘文字集成》《河南藏碑刻文字集成》等，每類又可按地區或時代等標準分卷，如《河南藏甲骨集成·安陽博物館卷》《河南藏甲骨集成·開封博物館卷》等，共約100册。

這項工程得到了河南美術出版社原總編輯許華偉（現爲河南文藝出版社社長）、河南省文物局前局長田凱、河南大學文學院教授張新俊的支持。當時我們曾商議以出版的《陝西金文集成》爲榜樣，從河南金文集成做起，由河南省文物局和鄭州大學相關人員牽頭組織實施，由河南美術出版社負責編輯出版。張新俊教授作爲秘書負責三方聯絡。後來，我考慮到2019年是甲骨文發現120周年，最好從甲骨文做起，我們希望把《河南藏甲骨集成》中的某幾册作爲甲骨文發現120周年紀念活動的獻禮呈獻出來。于是，我請張新俊教授到河南各地做調查。他初步調查後認爲，河南各地公家單位收藏的有字甲骨約5000片，私家收藏的有字甲骨約10000片（其中可能有不少僞刻）。爲了穩妥，我們咨詢了吴振武、黄錫全等專家，决定先協商整理出河南公家收藏的甲骨文。

張新俊教授調入鄭州大學漢字文明傳承傳播與教育研究中心的願望一直没能實現，出于整理河南甲骨文材料的需要，我們聘請他爲兼職研究員，并支持他在漢字文明傳承傳播與教育研究中心以《河南藏甲骨集成》爲選題申報教育部、國家語委組織開展的2018年度甲骨文等古文字研究與應用專項科研項目，最終獲得通過。有了這個基礎，這項工作正式啓動，預計陸續有《河南藏甲骨集成・開封博物館卷》《河南藏甲骨集成・河南博物院卷》《河南藏甲骨集成・安陽博物館卷》《河南藏甲骨集成・新鄉市博物館卷》等多卷推出。

現在出版古文字資料，技術條件比以前先進多了，因而『集成』的整體質量也應該大大提高。我們設定的基本原則是：（1）求新，盡量發現更多未著録、未公布的新材料；（2）求全，未著録的、已著録而未公布的、已公布的材料，新舊合璧全面整合；（3）求精，包含所有原物的高清彩照，已有舊照的重新拍照，并且每片甲骨的正、反、上、下、左、右六個角度都拍；（4）求通，附加原材料的拓片、摹本，而且附有新舊不同的拓片和摹本，以便互相參考。

我于古文字雖有接觸，但未深入研究，特别是對古文字原材料并不熟悉，所以衹能做一些策劃、組織、協調和後勤服務方面的工作。好在我們中心又先後聘請了古文字大家黄錫全先生、宋鎮豪先生，我希望這項『河南省古文字資源普查與集成』工程及相應叢書的編撰工作，以後能在宋鎮豪先生、黄錫全先生的領導下繼續推進。同時我也希望此項目能够納入到由國家八部門牽頭開展的『古文字與中華文明傳承發展工程』中，得到該工程專家委員會的指導和幫助。

李運富　二〇二一年一月一日

前言

2014年，河南省周口市公安局在打擊走私的行動中，收繳了一批甲骨文物。經過有關專家鑒定之後，這批文物被轉藏到周口關帝廟博物館，是爲周口關帝廟甲骨。關帝廟甲骨共有67版，有字甲骨有62版，無字甲骨有5版。個别的甲骨表面被土銹所掩，衹能看到部分文字。因爲歲月久遠，土銹與甲骨已經黏合在一起，剔除不易，土銹下是否有字，目前還不易確定。從甲骨上遺留的土銹來看，這批甲骨出土的時間應該不久，其來源可能爲殷墟的私人盗掘。目前這批甲骨也未見於以往的任何著録。

2021年4月，我們對這批甲骨進行了拍照，并首次進行了墨拓。以下，對周口關帝廟甲骨的基本情况，做一個簡單的介紹。

從甲骨的材質上説，這批甲骨龜甲、獸骨均有，以龜甲爲主。在組類分布上，屬於王卜辭的，主要爲賓組卜辭，此外還有爲數不多的出組、何組、歷組、無名組、黄組卜辭；非王卜辭數量極少，均爲午組卜辭。

周口關帝廟甲骨卜辭的内容，相對來説比較單一，主要表現在以下幾個方面：

一、祭祀卜辭

如第34號是一版屬於廩辛、康丁時期的何組卜辭，説：

……貞：……父庚……吉。

辭例雖然殘缺，但是提到了『父庚』的稱謂，『父庚』是何組卜辭中常見的祖先稱謂，由此可以知道這是廩辛、康丁時期祭祀父輩祖庚的卜辭。

第40號是一版無名組卜辭，辭例已殘，僅僅有如下四個字：

……肜日……又正。

『肜』是商代甲骨文中最爲常見的祭祀名稱之一，在時代最晚的黄組周祭卜辭中發現，當時常常有規律地舉行此種祭祀。另外，它在商代晚期的金文中，也經常出現。該版卜辭雖然殘缺，但是可以與以下兩條卜辭參看：

□亥卜，叀祖丁肜日，禱，有正。《甲骨文合集》（以下簡稱《合集》）27041

叀父甲肜日，禱，有正。《合集》27041

二、卜雨卜辭

如第36號是一版何組卜辭：

……貞：王……叀……雨。

第42號是一版無名組卜辭：

……不雨。

第15號爲一版賓組卜辭：

……貞：……歲，……雨，之日【允】雨。

該版卜辭上衹有『貞』『之』『日』三字形體完整。兩個『雨』字僅殘存筆畫，從文義上推測其爲『雨』字。

三、田獵卜辭

第45號卜辭上衹殘存兩個字：

……省……盂……

『盂』是黃組卜辭中最常見的田獵地之一。這版甲骨上雖然衹殘存『省』『盂』兩個字，但是根據以下的辭例，我們可以知道這也是一版與田獵有關的卜辭：

叀盂田省亡灾。《合集》38341

貞：王其省盂田，湄日不雨。《合集》29093

叀盂田省大吉。《合集》28995

王其省盂田，延宮亡灾。《小屯南地甲骨》（以下簡稱《屯南》）2357

第51號卜辭上僅殘存兩個字：

……田（？）……五

該版卜辭中『五』下一字，似爲『田』字，不過右邊的豎筆向上逸出，故亦歸到田獵卜辭中。

四、軍事卜辭

如第41號是一版無名組卜辭，辭例已經殘缺，僅存三字：

……弜戠……捷……

這版卜辭中的『戠』『捷』二字皆爲反書。甲骨卜辭中，凡是説到『捷』的，多與和方國間發生的戰爭有關，陳劍先生對此已有很全面的研究，可以參看。如《合集》32968就是一版歷組卜辭：

丁丑，貞：王弜商望，其戠。

丁丑，貞：今秋王其大史。

丁丑，貞：王于外伐。

【丁丑】貞：【王于】□伐。

『王弜商望』裏的『望』也與軍事行動有關。『戠』，裘錫圭先生讀作『待』。整版卜辭大概是説對某方國的戰爭，要抓住時機，不要等待，然後就可以戰勝對方。

總之周口關帝廟博物館所藏的這批甲骨，雖然來源不明，數量不多，内容相對來説也比較簡單，但是這批資料此前從未有過著録，也不爲學界所知。因此我們希望這批資料的公布能引起學界更多研究者的關注。

凡例

一、本書所收録的是周口關帝廟博物館所藏的甲骨，共67版，其中有字甲骨62版，編號爲01—62；無字甲骨5版，編號爲63—67。

二、本書所收甲骨，基本上按照甲骨斷代學上的時代早晚排列，時代較早的賓組卜辭在前，繼而出組、何組、無名組、黃組、歷組、午組卜辭。個別不能確定組類的甲骨，則排在午組之後。

三、本書收録的甲骨，采用六面彩照，包括甲骨的正、反面以及上、下、左、右四個側面。正面彩版，放大4.5倍，以滿足學者研究及書法愛好者之需。没有文字的反面、側面均用原大彩圖。

四、爲了能使甲骨彩圖版與拓本上的文字相對照，本書附有甲骨摹本，摹本一般放大1.5倍。

五、每一版甲骨，按照編號、材質部位、類別、釋文的順序加以標明。如果有刮削或土銹掩字、重刻等需要説明之處，則簡略加以説明。

六、本書釋文，采用『隸釋從寬』的原則，比如『鼎』字徑釋作『貞』。缺失的文字，能够確定數量者，以『□』補出；不能確定數量或缺失三字以上者，以『……』補出；如果能够按照同文卜辭補出者，則加【】表示。對于釋讀有疑問的字，用（？）標注。

目録

一、有字甲骨

編號：01
材質部位：龜腹甲
類別：賓組
釋文：貞：其……大吉。 二

01 照片

正面

反面

上面

下面

左面

右面

01 拓片

01 拓片（原大）

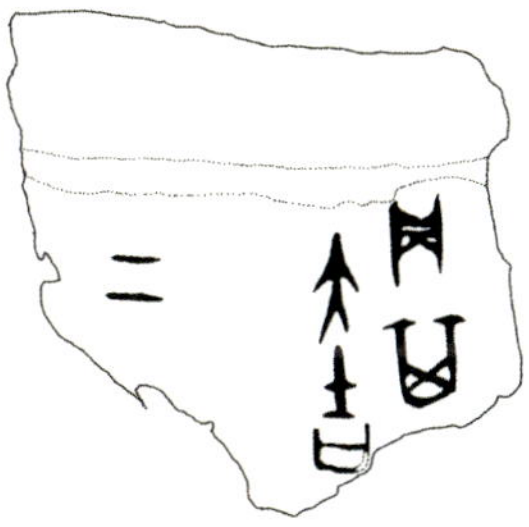

01 摹本

貞 其 大 吉

編號：02
材質部位：龜腹甲
類別：賓組
釋文：……雨……　二

02 照片

正面

反面

上面

下面

左面

右面

02 拓片

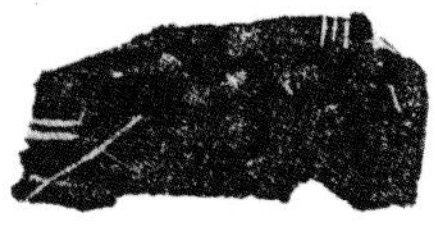

02 拓片（原大）

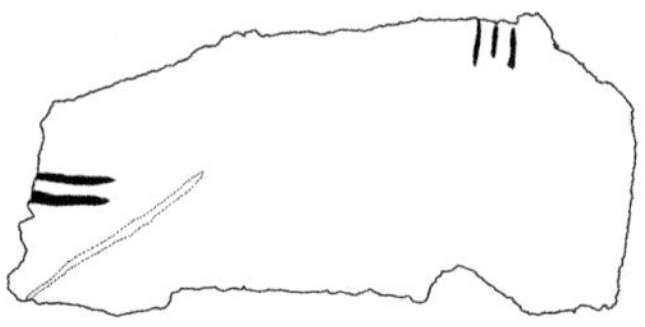

02 摹本

編　號： 03
材質部位： 龜腹甲
類　別： 賓組
釋　文： 小告。二

03 照片

正面

反面

上面

下面

左面

右面

03 拓片

03 拓片（原大）

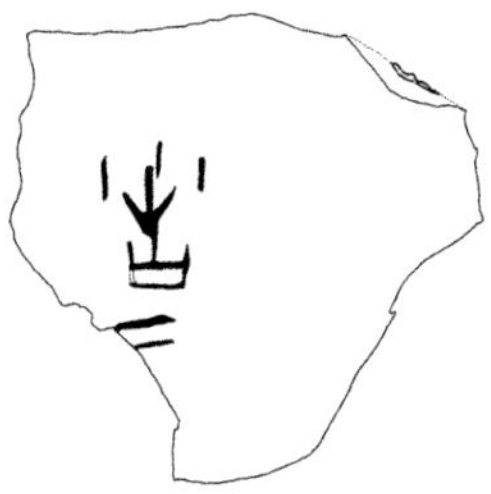

03 摹本

告

編號：04
材質部位：龜腹甲
類別：賓組
釋文：不吿。三

04照片

正面

反面

上面

下面

左面

右面

04 拓片

04 拓片（原大）

04 摹本

編　號：05
材質部位：龜腹甲
類　別：賓組
釋　文：（1）……貞……□。
（2）……其……。
說　明：『貞』左邊一字不識，似爲新見字。

05 照片

正面

反面

上面

下面

左面

右面

05 拓片

05 拓片（原大）

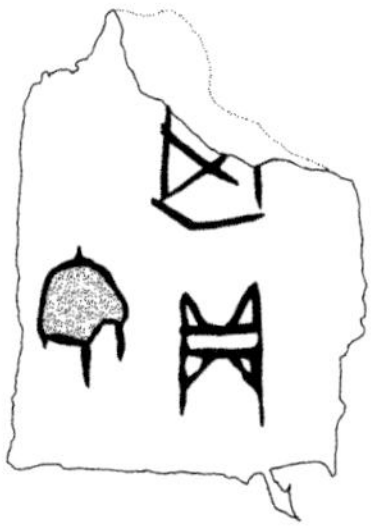

05 摹本

編　號：06

材質部位：龜腹甲

類　別：賓組

釋　文：（正）□巳【卜】，争貞：……

（反）五十

説　明：本版甲骨反面有文字，失拓。

06 照片

正面

反面

上面

下面

左面

右面

06 拓片

06 拓片（原大）

06 摹本

巳

編號：07
材質部位：龜腹甲
類別：賓組
釋文：二告 二
說明：本版甲骨反面，灼處似有文字。

07 照片

正面

反面

上面

下面

左面

右面

07 拓片

07 拓片（原大）

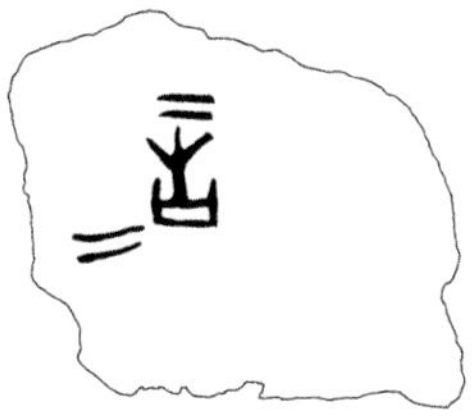

07 摹本

編號：08

材質部位：龜腹甲

類別：賓組

釋文：弜

說明：本版甲骨正面文字爲土銹所掩，土銹堅硬，已經與卜甲銹成一體，難以去除，下部似爲「弜」字。

08 照片

正面

反面

上面

下面

左面

右面

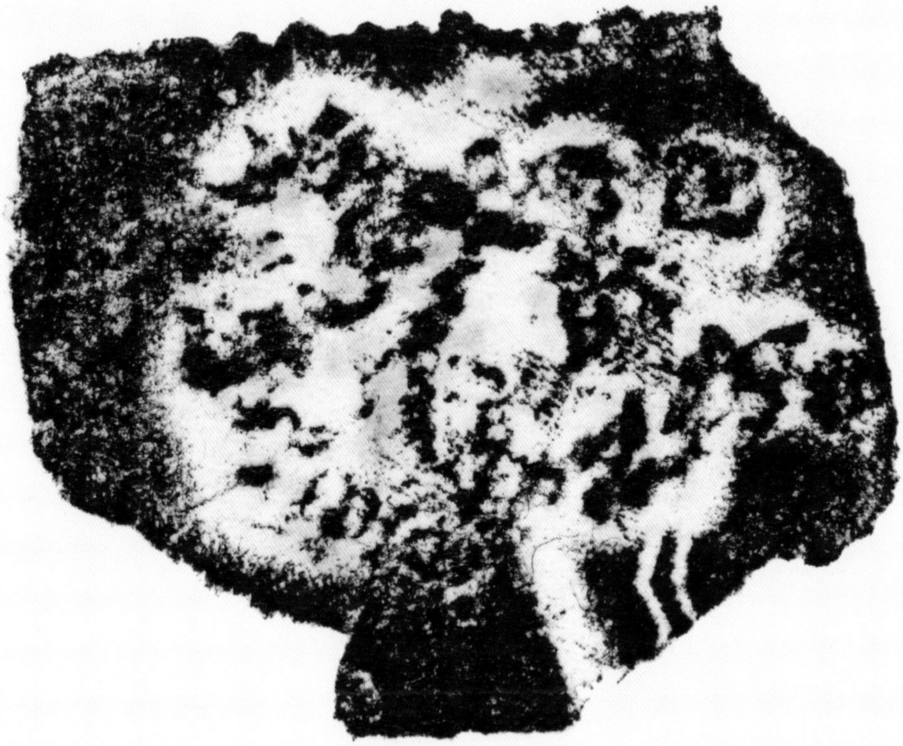

08 拓片

08 拓片（原大）

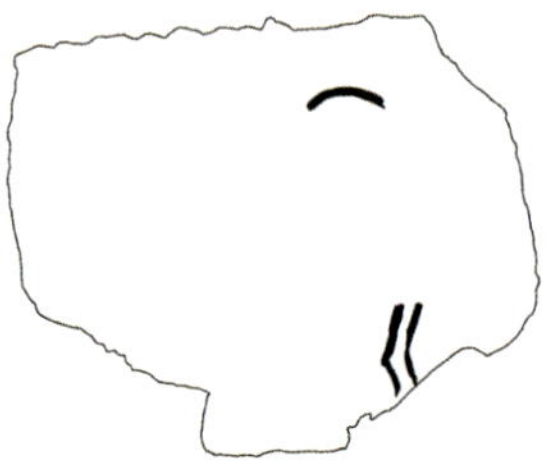

08 摹本

編號：09
材質部位：龜腹甲
類別：賓組
釋文：甲□【卜】，殻【貞】：……乙……

09 照片

正面

反面

上面

下面

左面

右面

09 拓片

09 拓片（原大）

09 摹本

編號：10
材質部位：龜腹甲
類別：賓組
釋文：弗……吉（？）……

10照片

正面

反面

上面

下面

左面

右面

10拓片

10拓片（原大）

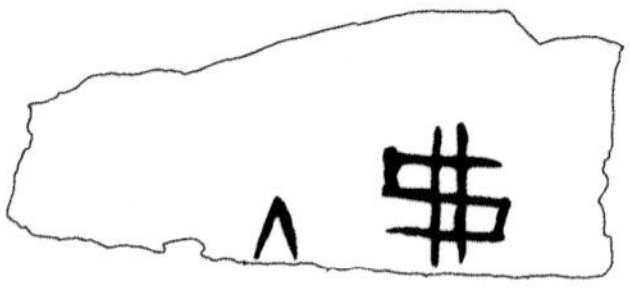

10摹本

弗

編號：11
材質部位：龜腹甲
類別：賓組
釋文：一

11 照片

正面

反面

上面

下面

左面

右面

11 拓片

11 拓片（原大）

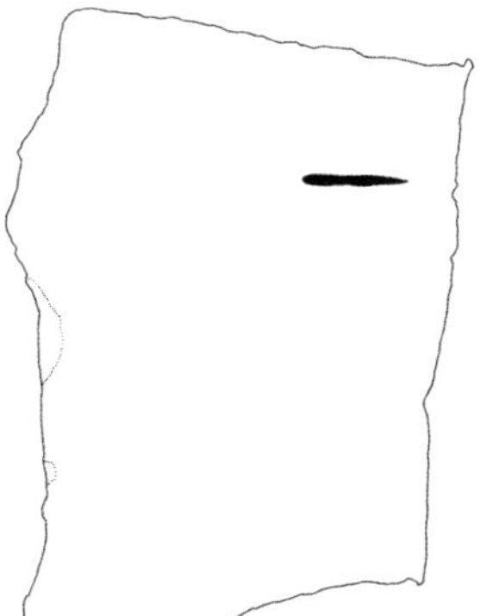

11 摹本

編號：12
材質部位：龜腹甲
類別：賓組
釋文：五
說明：『五』右下方有劃痕，從照片看，可能并非文字。

12照片

正面

反面

上面

下面

左面

右面

12拓片

12拓片（原大）

12摹本

編號：13
材質部位：龜腹甲
類別：賓組
釋文：二告　四

13照片

正面

反面

上面

下面

左面

右面

13拓片

13拓片（原大）

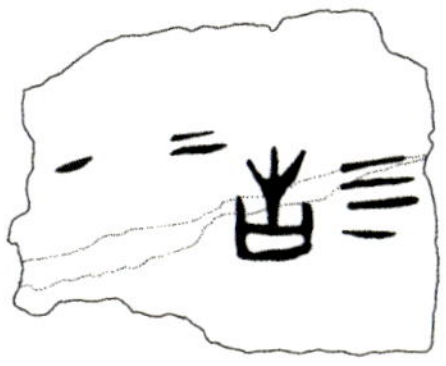

13摹本

編號：14
材質部位：龜腹甲
類別：賓組
釋文：正面：……㞢……　二
反面：……日……

14照片

正面

反面

上面

下面

左面

右面

14拓片（正面）

14拓片（反面）

14拓片（正面原大）

14拓片（反面原大）

14摹本（正面原大）

14摹本（反面原大）

㞢（有）

編　號：15
材質部位：龜腹甲
類　別：賓組
釋　文：……貞：……歲，……雨，之日【允】雨。

15照片

正面

反面

上面

下面

左面

右面

15拓片

15拓片（原大）

15摹本

歲

編號：16
材質部位：龜腹甲
類別：賓組
釋文：二告 一

16照片

正面

反面

上面

下面

左面

右面

16拓片

16拓片（原大）

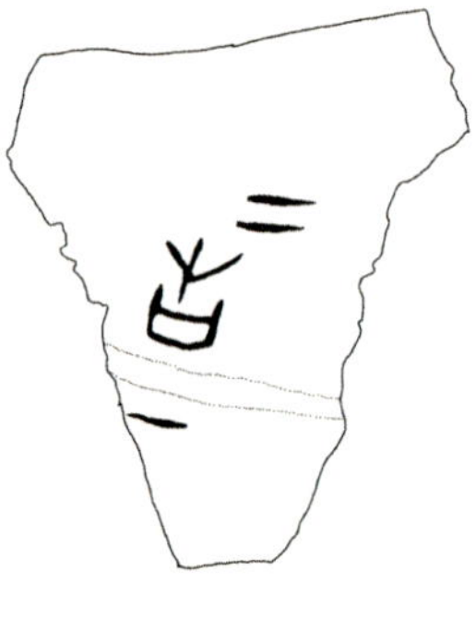

16摹本

編號：17
材質部位：龜腹甲
類別：賓組
釋文：其□……

17照片

正面

反面

上面

下面

左面

右面

17拓片

17 拓片（原大）

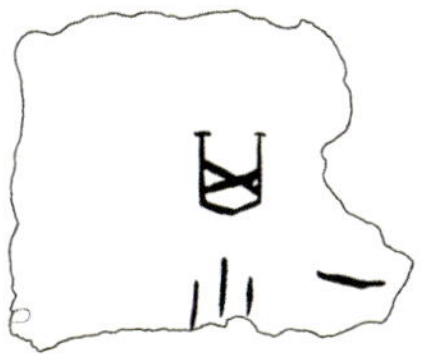

17 摹本

編號：18

材質部位：牛肩胛骨

類別：賓組

釋文：……率…… ……巳旬㞢來……率……

說明：此版甲骨比較可疑。

18照片

上面

下面

正面

反面

左面

右面

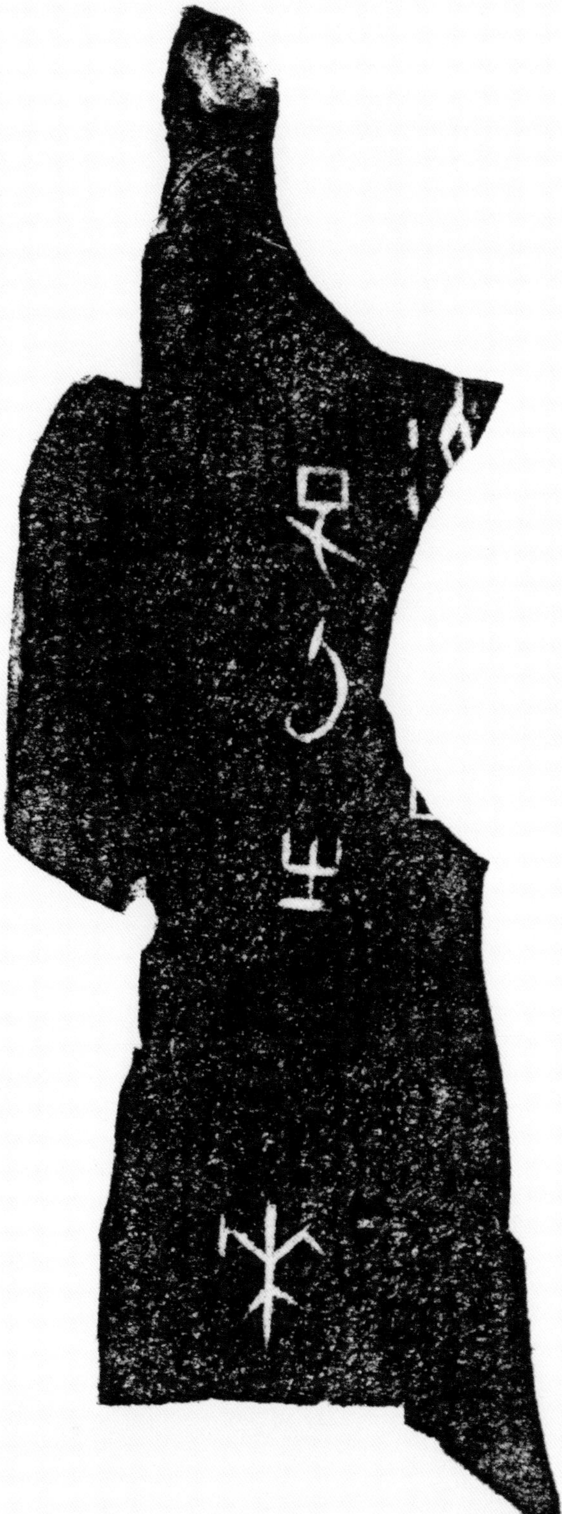

18拓片（正面）

18拓片（反面）

18拓片（正面原大）

18拓片（反面原大）

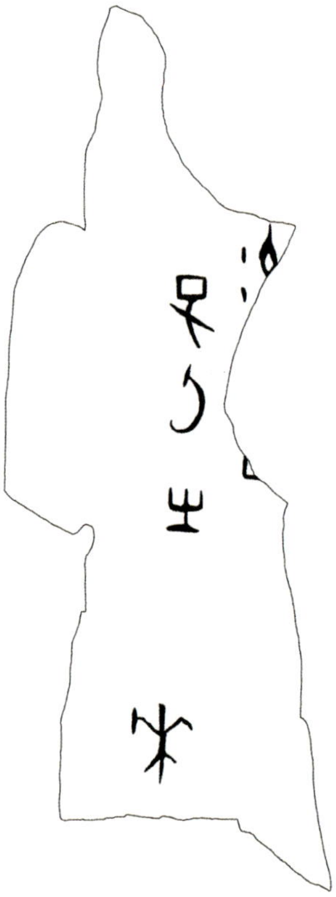

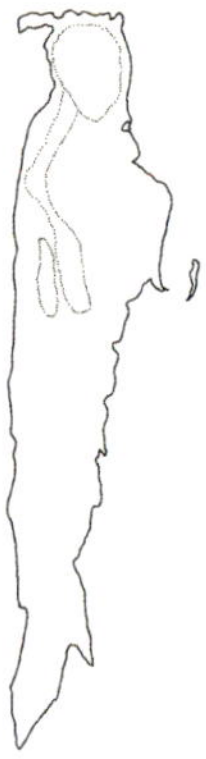

18摹本（反面）

18摹本（正面）

巳　旬　來

編號：19
材質部位：龜腹甲
類別：賓組
釋文：☐丑卜，☐貞：……

19照片

正面

反面

上面

下面

左面

右面

19拓片

19拓片（原大）

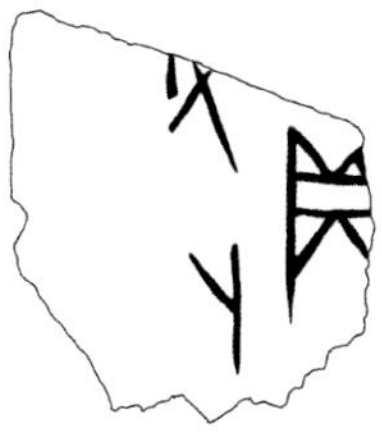

19摹本

卜

編　號：20
材質部位：龜腹甲
類　別：賓組
釋　文：……□……翌……四

20 照片

正面

反面

上面

下面

左面

右面

20拓片

20 拓片（原大）

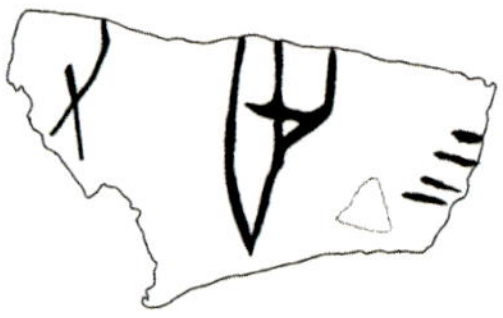

20 摹本

編號：21
材質部位：龜腹甲
類別：賓組
釋文：……貞、……其……

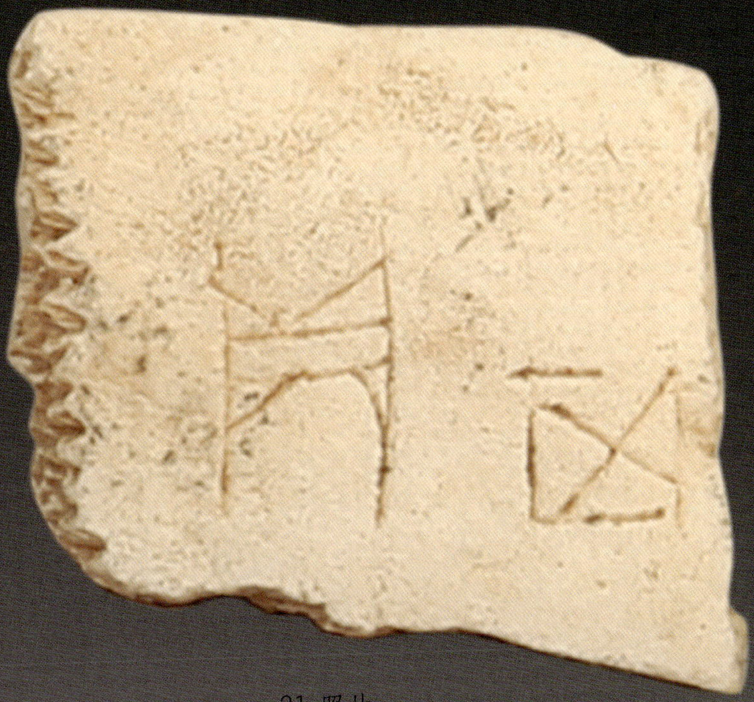

21 照片

正面

反面

上面

下面

左面

右面

21 拓片

21 拓片（原大）

21 摹本

編　號：22
材質部位：龜腹甲
類　別：賓組
釋　文：……貞……

22 照片

正面

反面

上面

下面

左面

右面

22 拓片

22 拓片（原大）

22 摹本

編　　號：23
材質部位：龜腹甲
類　　別：賓組
釋　　文：……雨……

23照片

正面

反面

上面

下面

左面

右面

23拓片

23拓片（原大）

23摹本

雨

編號：24
材質部位：龜腹甲
類別：賓組
釋文：（1）……貞……
（2）……王……

24照片

正面

反面

上面

下面

左面

右面

24拓片

24 拓片（原大）

24 摹本

編　　號：25
材質部位：龜腹甲
類　　別：賓組
釋　　文：癸亥……貞：……

25照片

正面

反面

上面

下面

左面

右面

25 拓片

25 拓片（原大）

25 摹本

編號：26
材質部位：龜腹甲
類別：出組
釋文：（1）辛……王曰……
（2）……□……□……

26照片

正面

反面

上面

下面

左面

右面

26拓片

26 拓片（原大）

26 摹本

王

辛

編　號：27
材質部位：龜腹甲
類　別：出組
釋　文：□亥（？）卜，……夕……囚。

27 照片

正面

反面

上面

下面

左面

右面

27 拓片

27 拓片（原大）

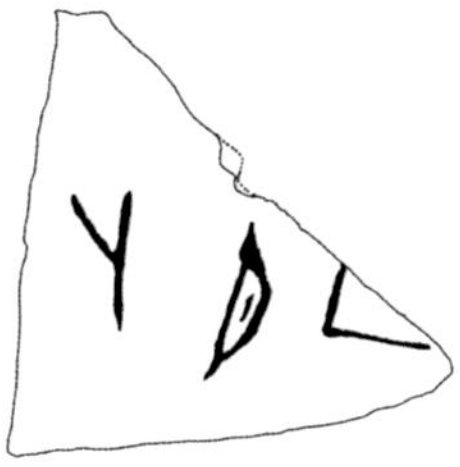

27 摹本

夕

編號：28
材質部位：龜腹甲
類別：出組
釋文：……今日……四

28照片

正面

反面

上面

下面

左面

右面

28 拓片

28 拓片（原大）

28 摹本

今

編號：29
材質部位：牛肩胛骨
類別：出組
釋文：（1）戊戌……王……。
（2）□亥（？）卜……在十一月。

29照片

正面

反面

上面

下面

左面

右面

29 拓片

29 拓片（原大）

29 摹本

戊

編　號：30
材質部位：龜腹甲
類　別：出組
釋　文：辛……王……二

30照片

正面

反面

上面

下面

左面

右面

30拓片

30 拓片（原大）

30 摹本

編號：31
材質部位：龜腹甲
類別：出組
釋文：……王……

31 照片

正面

反面

上面

下面

左面

右面

31 拓片

31 拓片（原大）

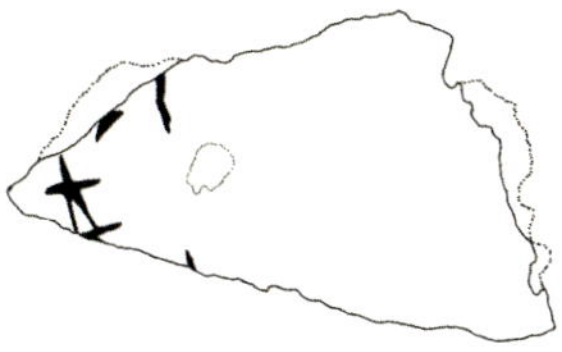

31 摹本

編號：32
材質部位：龜腹甲
類別：出組
釋文：……貞：……

32照片

正面

反面

上面

下面

左面

右面

32拓片

32拓片（原大）

32摹本

編號：33

材質部位：龜腹甲

類別：出組

釋文：……貞：……□……

說明：「貞」右邊一字，可能是「舌」字殘去「口」旁。

33照片

正面

反面

上面

下面

左面

右面

33拓片

33 拓片（原大）

33 摹本

編號：34
材質部位：龜腹甲
類別：何組
釋文：……貞……父庚……吉。

34照片

正面

反面

上面

下面

左面

右面

34 拓片

34 拓片（原大）

34 摹本

父　庚　吉

編號：35
材質部位：龜腹甲
類別：何組
釋文：……十牢……

35照片

正面

反面

上面

下面

左面

右面

35拓片

35 拓片（原大）

35 摹本

牢

編號：36
材質部位：龜腹甲
類別：何組
釋文：……貞：王……叀……雨。

36照片

正面

反面

上面

下面

左面

右面

36拓片

36 拓片（原大）

36 摹本

叀（惠）　　雨

編號：37
材質部位：龜腹甲
類別：何組
釋文：……叀……

37 照片

正面

反面

上面

下面

左面

右面

37 拓片

37 拓片（原大）

37 摹本

編　號：38
材質部位：龜腹甲
類　別：何組
釋　文：……又三宰罙……

38 照片

正面

反面

上面

下面

左面

右面

38 拓片

38 拓片(原大)

38 摹本

牢(牢)

編號：39
材質部位：龜腹甲
類別：何組
釋文：……貞，王（？）……

39 照片

正面

反面

上面

下面

左面

右面

39 拓片

39 拓片（原大）

39 摹本

編　　號：40
材質部位：龜腹甲
類　　別：無名組
釋　　文：……肜日……又正。

40照片

正面

反面

上面

下面

左面

右面

40拓片

40拓片（原大）

40摹本

編號：41
材質部位：龜腹甲
類別：無名組
釋文：……弜戠……捷……
說明：『戠』『捷』二字皆反書。

41 照片

正面

反面

上面

下面

左面

右面

41 拓片

41 拓片（原大）

41 摹本

戠（識／職）

捷

編　　號：42
材質部位：龜腹甲
類　　別：無名組
釋　　文：……不雨。

42 照片

正面

反面

上面

下面

左面

右面

42拓片

42 拓片（原大）

42 摹本

編號：43
材質部位：龜腹甲
類別：無名組
釋文：……□占……□……

43照片

正面

反面

上面

下面

左面

右面

43 拓片

43拓片（原大）

43摹本

編　號：44
材質部位：龜腹甲
類　別：黄組
釋　文：……又羌……

44 照片

正面

反面

上面

下面

左面

右面

44拓片

44 拓片（原大）

44 摹本

羌

編號：45
材質部位：龜腹甲
類別：黃組
釋文：……省……盂……

45照片

正面

反面

上面

下面

左面

右面

45 拓片

45 拓片（原大）

45 摹本

省　　盂

編號：46
材質部位：龜腹甲
類別：黄組
釋文：……來……

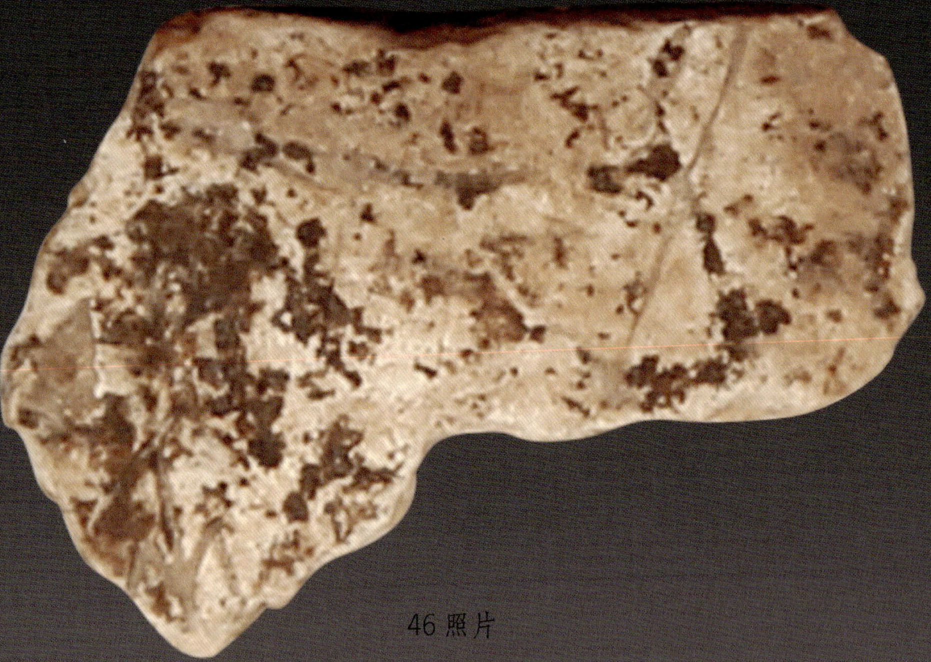

46照片

正面

反面

上面

下面

左面

右面

46 拓片

46 拓片（原大）

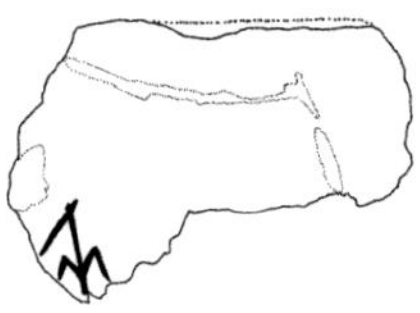

46 摹本

編號：47
材質部位：牛肩胛骨
類別：歷組
釋文：……乙（？）其升……

47照片

正面

反面

上面

下面

左面

右面

47 拓片

47 拓片（原大）

47 摹本

編號：48
材質部位：牛肩胛骨
類別：歷組
釋文：……其……

48照片

正面

反面

上面

下面

左面

右面

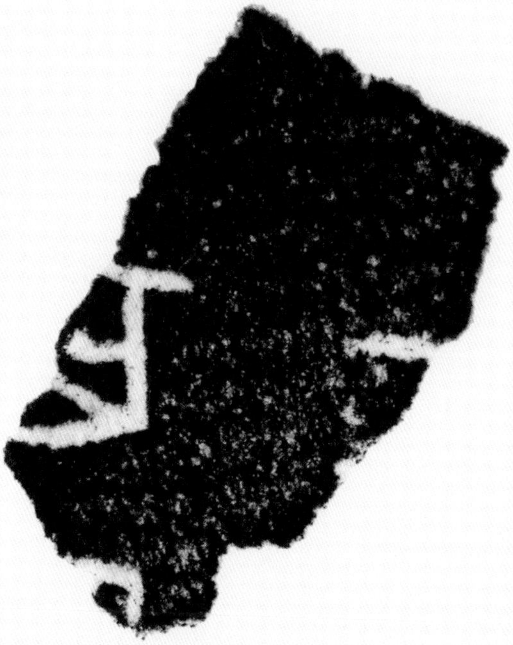

48 拓片

48拓片（原大）

48摹本

編號：49
材質部位：龜腹甲
類別：午組
釋文：甲午……

49照片

正面

反面

上面

下面

左面

右面

49 拓片

49 拓片（原大）

49 摹本

甲

午

編號：50
材質部位：龜腹甲
類別：午組
釋文：（1）……□……
（2）……父丁羊……

50照片

正面

反面

上面

下面

左面

右面

50拓片

50 拓片（原大）

50 摹本

羊

編號：51
材質部位：龜腹甲
類別：待定
釋文：……田（？）……五

51 照片

正面

反面

上面

下面

左面

右面

51 拓片

51 拓片（原大）

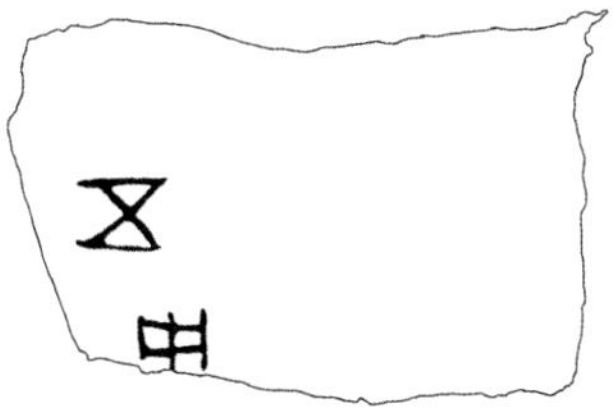

51 摹本

編號：52
材質部位：龜腹甲
類別：待定
釋文：……□……□……□……
說明：本版甲骨殘存三字，皆爲字之下半部分，不識。

52 照片

正面

反面

上面

下面

左面

右面

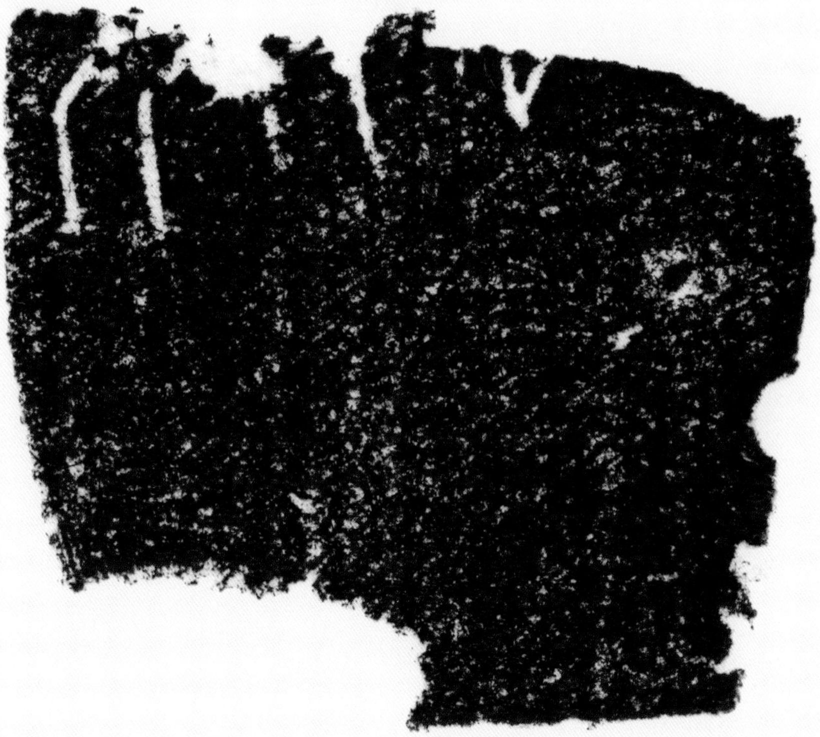

52 拓片

52 拓片（原大）

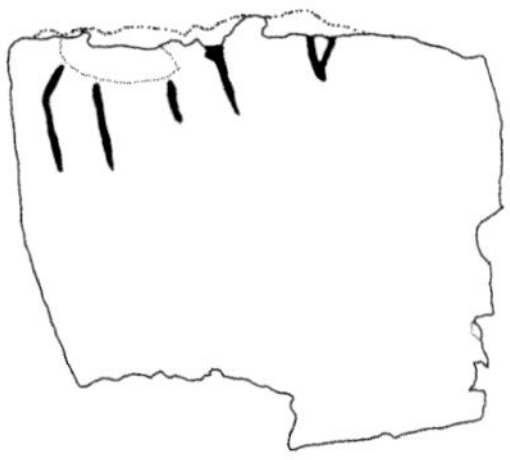

52 摹本

編　號：53
材質部位：龜腹甲
類　別：待定
釋　文：癸亥卜……

53 照片

正面

反面

上面

下面

左面

右面

53拓片

53拓片（原大）

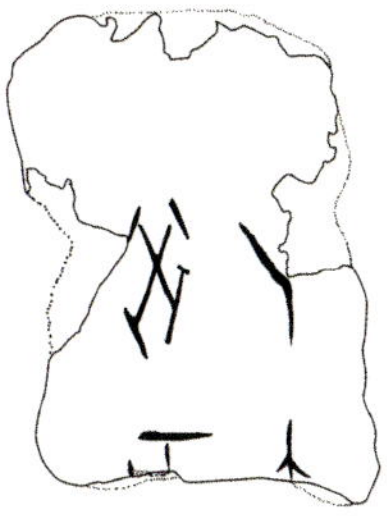

53摹本

編號：54
材質部位：龜腹甲
類別：待定
說明：本版甲骨正面無字，反面似有殘字，不能識。

54 照片

正面

反面

上面

下面

左面

右面

54 拓片

54 拓片（原大）

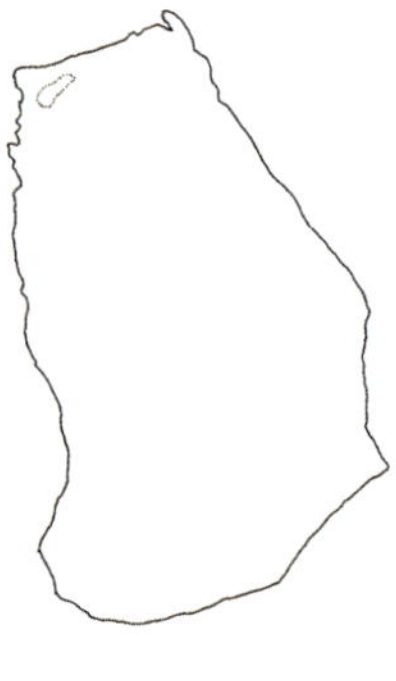

54 摹本

編號：55
材質部位：龜腹甲
類別：待定
釋文：……卬……

55 照片

正面

反面

上面

下面

左面

右面

55 拓片

55 拓片（原大）

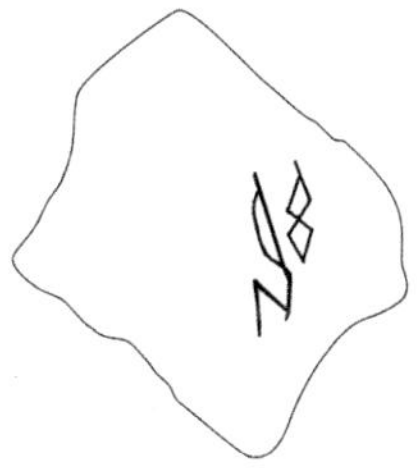

55 摹本

編號：56

材質部位：龜腹甲

類別：待定

釋文：……之□……

說明：「之」下一字形體不全，似從「亏」形。

56照片

正面

反面

上面

下面

左面

右面

56 拓片

56拓片（原大）

56摹本

編號：57
材質部位：龜腹甲
類別：待定
釋文：二告　五

57 照片

正面

反面

上面

下面

左面

右面

57 拓片

57 拓片（原大）

57 摹本

五

編號：58
材質部位：龜腹甲
類別：待定
釋文：□小告 二

58照片

正面

反面

上面

下面

左面

右面

58拓片

58拓片（原大）

58摹本

編號： 59
材質部位： 龜腹甲
類別： 待定
釋文： ……壬（？）……

59照片

正面

反面

上面

下面

左面

右面

59 拓片

59拓片（原大）

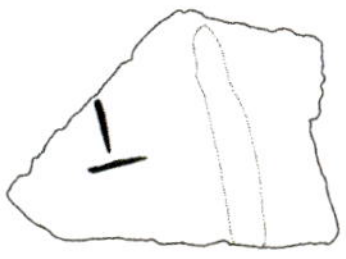

59摹本

編　號：60
材質部位：龜腹甲
類　別：待定
釋　文：（1）……不……
（2）……二羊……

60照片

正面

反面

上面

下面

左面

右面

60 拓片

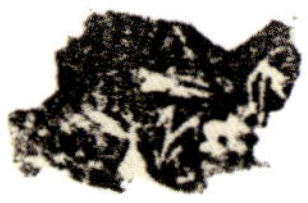

60 拓片（原大）

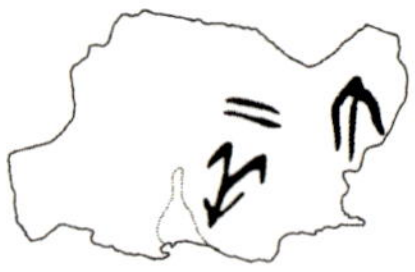

60 摹本

編號：61
材質部位：龜腹甲
類別：待定
釋文：……三……

61 照片

正面

反面

上面

下面

左面

右面

61 拓片

61 拓片（原大）

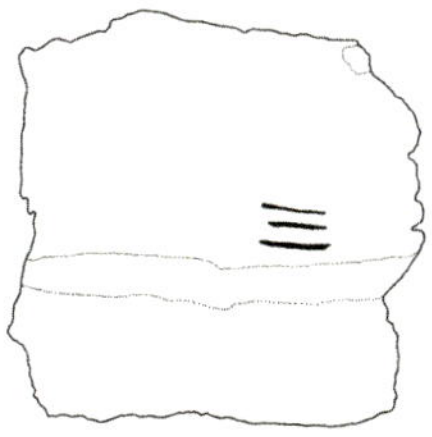

61 摹本

編號：62
材質部位：骨
類別：待定
釋文：……三……

62 照片

正面

反面

左面

上面

下面

右面

62 拓片

62 拓片（原大）

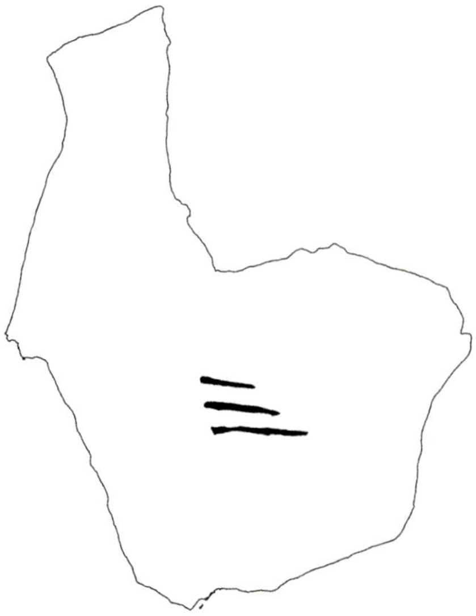

62 摹本

二、無字甲骨

編號：63
材質部位：龜腹甲
釋文：（正）無字
（反）☐

63照片

正面

反面

上面

下面

左面

右面

63 拓片

63 拓片（原大）

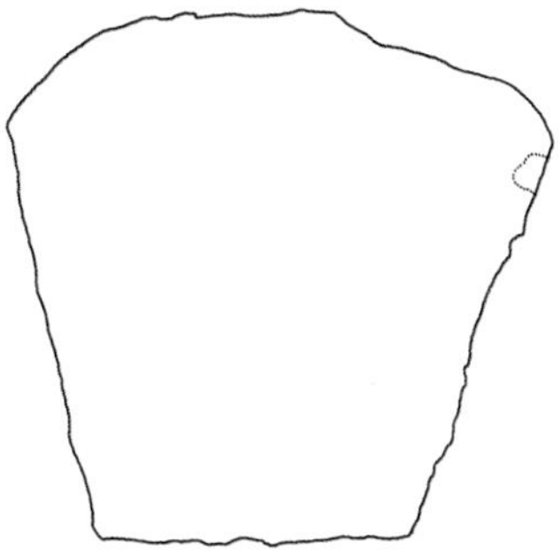

63 摹本

編　號： 64
材質部位： 龜腹甲
説　明： 本版屬于無字甲骨

64 照片

正面

反面

上面

下面

左面

右面

64拓片

64 拓片（原大）

64 摹本

編　號：65
材質部位：龜腹甲
說　明：本版屬于無字甲骨

65 照片

正面

反面

上面

下面

左面

右面

65 拓片

65 拓片（原大）

65 摹本

編　號：66

材質部位：牛肩胛骨

説　明：本版屬于無字甲骨

66 照片

正面

反面

上面

下面

左面

右面

66 拓片

66 拓片（原大）

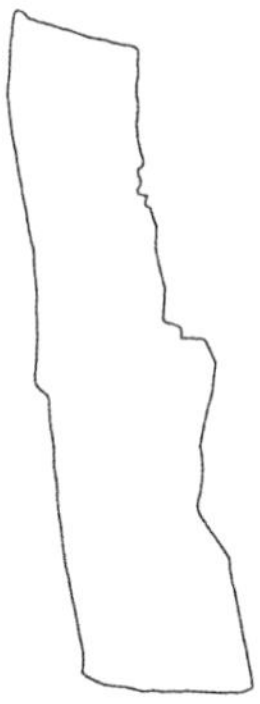

66 摹本

編　號：67
材質部位：龜腹甲
説　明：本版甲骨無字。正反面各有六道橫畫。

67 照片

正面

反面

上面

下面

左面

右面

67 拓片

67 拓片（原大）

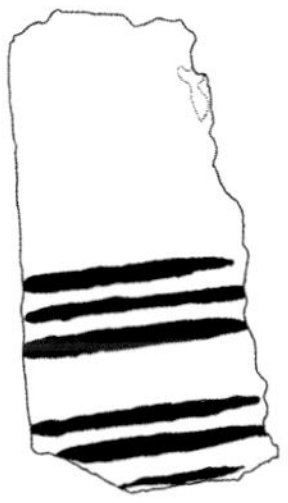

67 摹本

引用資料簡稱表

《合集》——《甲骨文合集》

《屯南》——《小屯南地甲骨》

圖片索引

頁碼	圖片	編號
一		01
四		02
七		03
一〇		04
一三		05

頁碼	圖片	編號
三一		11
三四		12
三七		13
四〇		14
四三		15

頁碼	圖片	編號
一六		06
一九		07
二二		08
二五		09
二八		10

頁碼	圖片	編號
四六		16
四九		17
五二		18
五五		19
五八		20
六一	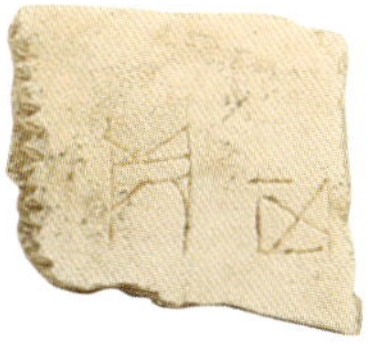	21
六四		22
六七		23
七〇		24
七三		25

頁碼	圖片	編號
九一		31
九四		32
九七		33
一〇〇		34
一〇三		35

頁碼	圖片	編號
七六		26
七九		27
八二		28
八五		29
八八		30

頁碼	圖片	編號
一〇六		36
一〇九		37
一一二		38
一一五		39
一一八		40

頁碼	圖片	編號
一二一		41
一二四		42
一二七		43
一三〇		44
一三三		45

頁碼	圖片	編號
一三六		46
一三九		47
一四二		48
一四五		49

頁碼	圖片	編號
一四八		50
一五一		51
一五四		52
一五七		53
一六〇		54

頁碼	圖片	編號
一七八		60
一八一		61
一八四		62
一八七		63

頁碼	圖片	編號
一六三		55
一六六		56
一六九		57
一七二		58
一七五		59

頁碼	圖片	編號
一九〇		64
一九三		65
一九六		66
一九九		67

後記

本書是《河南藏甲骨集成》叢書的第二卷。

2017年前後，我在對河南省内各個公立博物館所藏的古文字資料做普查的過程中，無意中得知，周口市公安局在『打擊走私』行動中曾經收繳一批甲骨，後來移交給周口關帝廟博物館。這批甲骨一直深藏在館内，少有人知。此後很長一段時間，我便按圖索驥，多方聯絡，期望能早一日把這批資料加以整理，公布於衆。

2020年，就在完成開封博物館所藏甲骨的整理工作之後，周口關帝廟甲骨很快被納入了我們下一步的計劃中。可是，過去三年不斷出現的疫情，始終在干擾着我們甲骨整理的工作計劃。有兩次好不容易召集好了人馬整裝待發，第二天就被突如其來的疫情一下子打亂了我們的安排，衹好再尋時機。

就這樣一直到2021年4月中旬，疫情終於出現了一個難得的窗口期。在河南美術出版社白立獻先生的積極聯絡下，我們的團隊開赴周口關帝廟博物館，争分奪秒，用了兩天半的時間，完成了甲骨拍照、拓片製作等初步的工作。因爲時間趕得太緊，以至於出現了不應有的疏忽，導致有一版甲骨的背面漏拓。等到我在製作摹本的過程中發現這個問題時，已經很難有機會再去彌補這個小小的遺憾了。在《河南藏甲骨集成·開封博物館卷》出版時，我曾希望下一階段的工作可以做得更完美一點，盡管我們的團隊也都付出了很多的努力，但是總有一份缺憾留給我們。豈能盡如人意？但求無愧我心吧。

感謝周口關帝廟博物館的王麗亞館長、河南美術出版社的王廣照社長，以及我多年老友河南文藝出版社的許華偉社長。如果没有他們的大力支持，這部分的工作恐怕很難如此順利地完成。

鄭州大學文學院李運富先生自始至終都在關心河南所藏甲骨工作的進展情况。多年以來，李先生的鼓勵與鞭策，時時刻刻都讓我銘記心中。

張新俊

2023年7月20日於中國海洋大學

圖書在版編目（CIP）數據

河南藏甲骨集成·周口關帝廟博物館卷 / 李運富總主編；王麗亞本卷主編；張新俊本卷編纂. — 鄭州：河南美術出版社，2023.9

ISBN 978-7-5401-6319-8

Ⅰ. ①河… Ⅱ. ①李… ②王… ③張… Ⅲ. ①甲骨文－彙編 Ⅳ. ①K877.13

中國國家版本館 CIP 數據核字 (2023) 第 173252 號

河南藏甲骨集成·周口關帝廟博物館卷

學術顧問　吳振武
總　主　編　李運富
本卷主編　王麗亞
本卷副主編　姚　磊　楊洪峰　賈　柯
本卷編纂　張新俊

出版人　王廣照
策劃編輯　許華偉　白立獻
統　籌　康　華
責任編輯　白立獻　趙　帥　張煜琦
責任校對　王淑娟　管明鋭　裴陽月
責任質檢　譚玉先
裝幀設計　陳　寧
責任印製　李躍奇　張　彤
視頻示範　張新俊
拍　攝　吳曉春
傳　拓　馬文濤
出版發行　河南美術出版社
地　址　鄭州市鄭東新區祥盛街 27 號
郵　編　450016
電　話　（0371）65788157
製　版　河南金鼎美術設計製作有限公司
印　刷　鄭州印之星印務有限公司
開　本　889 mm × 1194 mm　1/16
印　張　14
字　數　140 千字
版　次　2023 年 9 月第 1 版
印　次　2023 年 9 月第 1 次印刷
書　號　ISBN 978-7-5401-6319-8
定　價　360.00 圓